辛亥革命

吉林出版集团有限责任公司

吉林文史出版社

◎ 主编 金开诚

◎ 编著 张 利

图书在版编目（CIP）数据

辛亥革命 / 张利编著 . 一长春：吉林出版集团有
限责任公司，2011.4（2022.1 重印）
ISBN 978-7-5463-4959-6

Ⅰ . ①辛… Ⅱ . ①张… Ⅲ . ①辛亥革命 – 通俗读物
Ⅳ . ① K257.09

中国版本图书馆 CIP 数据核字（2011）第 053368 号

辛亥革命

XINGHAI GEMING

主编/ 金开诚 编著/张 利

项目负责/崔博华 责任编辑/崔博华　梁丹丹

责任校对/梁丹丹 装帧设计/李岩冰　董晓丽

出版发行/吉林文史出版社　吉林出版集团有限责任公司

地址/长春市人民大街4646号　邮编/130021

电话/0431-86037503　传真/0431-86037589

印刷／三河市金兆印刷装订有限公司

版次/2011 年 4 月第 1 版　2022 年 1 月第 5 次印刷

开本/650mm×960mm　1/16

印张/9　字数/30千

书号/ISBN　978-7-5463-4959-6

定价/34.80元

前 言

　　文化是一种社会现象，是人类物质文明和精神文明有机融合的产物；同时又是一种历史现象，是社会的历史沉积。当今世界，随着经济全球化进程的加快，人们也越来越重视本民族的文化。我们只有加强对本民族文化的继承和创新，才能更好地弘扬民族精神，增强民族凝聚力。历史经验告诉我们，任何一个民族要想屹立于世界民族之林，必须具有自尊、自信、自强的民族意识。文化是维系一个民族生存和发展的强大动力。一个民族的存在依赖文化，文化的解体就是一个民族的消亡。

　　随着我国综合国力的日益强大，广大民众对重塑民族自尊心和自豪感的愿望日益迫切。作为民族大家庭中的一员，将源远流长、博大精深的中国文化继承并传播给广大群众，特别是青年一代，是我们出版人义不容辞的责任。

　　本套丛书是由吉林文史出版社和吉林出版集团有限责任公司组织国内知名专家学者编写的一套旨在传播中华五千年优秀传统文化，提高全民文化修养的大型知识读本。该书在深入挖掘和整理中华优秀传统文化成果的同时，结合社会发展，注入了时代精神。书中优美生动的文字、简明通俗的语言、图文并茂的形式，把中国文化中的物态文化、制度文化、行为文化、精神文化等知识要点全面展示给读者。点点滴滴的文化知识仿佛颗颗繁星，组成了灿烂辉煌的中国文化的天穹。

　　希望本书能为弘扬中华五千年优秀传统文化、增强各民族团结、构建社会主义和谐社会尽一份绵薄之力，也坚信我们的中华民族一定能够早日实现伟大复兴！

目录

一、辛亥革命的历史背景

　　辛亥革命，作为近代中国波及社会范围最广、动摇传统根基最深的社会变革，它既是社会各个领域在较长历史时期内不断渐变的结果，又必然对各社会领域产生较为深远的历史影响，从而在某一历史发展阶段上成为社会各有关领域变化发展的中介点。近代社会观念的现代变迁，就是以辛亥革命为中介点的。它前承晚清社会变革以来社会观念推陈出新的历史成果，后启民国成立以来社会观念步入现代化轨道的历史新程。

（一）列强势力入住与中华民族危机

辛亥革命是近代中国的"人民革命"，开始于19世纪末期，此时正是西方侵略势力大举渗入中国的时候，也是传统中国的制度与秩序被摧残破坏最严重的时期。清政府由盛转衰，列强势力在鸦片战争之后，更加猖狂。

随着《南京条约》《天津条约》《北京条约》《瑷珲条约》《马关条约》等一系列丧权辱国条约的签定，列强对中国的欺凌已不是简单的割地、赔款与通商，而是已进入到共同灭亡中国的阶段。

列强彻底地认识到清朝的愚昧无能、软弱可欺。

◎签订《南京条约》时的情景◎

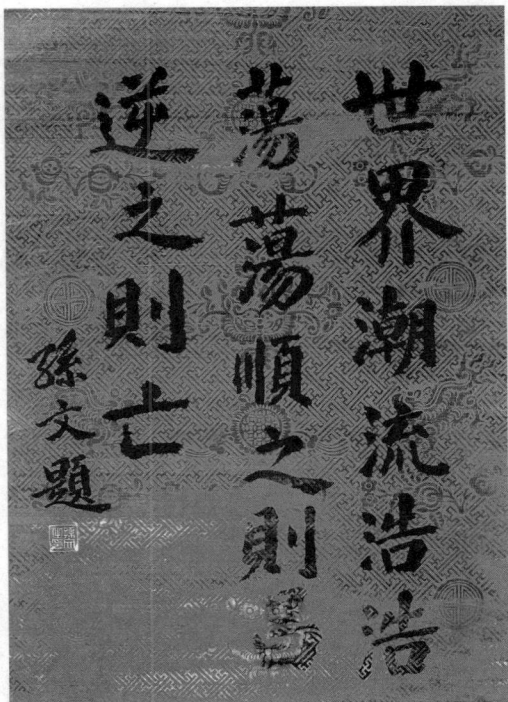

◎孙中山手迹◎

各国趁火打劫，都把魔掌伸向了中国。一方面将剩余资本大量投资到中国。"拿人家的手短，吃人家的嘴短"，清政府拿了列强的钱当然要为列强办事，因此列强们也就达到了先用金钱控制中国经济，进而控制中国政治的目的。

同时，他们还在中国内地设工厂。西方早就开始了工业化，什么都是大机器生

◎孙中山塑像◎

产，可以大规模地生产各种生活、生产用品。产品生产多了自然卖不出去，这就需要开发更多更大的市场，于是他们想到了中国。中国地域辽阔，人口众多，是多么大的一个市场啊！可是，当外国商品刚刚运到中国的时候却没有预期那样销售顺利。

中国那个时候还是自给自足的小农经济，自己种粮种菜自己吃，自己纺布自己穿。有剩余的时候才会拿到市场上去卖，换油盐酱醋之类的生活用品。所以外国商人把商品运到中国市场以后，不但卖得很少，反而买了很多中国特有的瓷器、茶叶回去；不但没有赚到钱，反而花了不少。有国家做后盾的外国商人认为这是中国开放的通商口岸太少了，所以列强才会要求大量开放通商口岸，方便自己国家生产的货物能顺利进入中国市场。

通商口岸的问题解决以后，外国商人们又想到，要是在本国生产货物再运到中国，不仅要花原料费、人工费，还要花大笔的运费，这样成本就会高很多。要是在中国生产的话，只要把机器运过来就行了，而且中国的原料和工资都比本国便宜许多，这样算下来就可以多赚很多钱。

◎北京东四牌楼◎

◎袁世凯率文武百官到天坛"祀天"◎

最重要的一点是，在中国本土生产出来的产品由于本钱大大降低，价格也会随着降低。拿布来说，中国人自家手工生产的土布，又粗又硬，而且价格也比较贵。用机器生产就不同了，既便宜又美观，还很结实。所以，渐渐地，很多人都买机器生产的产品，使得中国农村的经济完全失掉了抵御能力，外国产品的市场占有率也逐渐扩大，对中国经济的控制也越来越强。

随着列强势力范围的划定，中华民族

的灭亡危机,迫在眉睫。

列强势力范围大抵如下:俄国租借旅顺、大连两港,使俄国的军队可以随时运抵,也可以以这两个地方为基地向中国其他地区进行侵略,借此控制中国东北地区。英国强行租借威海卫,要求长江流域各地不得租与他国,并扩及九龙半岛,事实上这些地区已经被英国独占,一占就是一百年。法国租广州湾,占领了中国西南的广大地区。德国势力在山东,并租借广州湾。日本也不甘落后,要求福建及其沿海一带不得租与他国。

当这些国家在划分势力范围的时候,美国正与西班牙争夺古巴和菲律宾,

◎广州孙中山故居纪念馆一景◎

一时无力兼顾中国，美西战争结束后，列强在中国的势力范围已经划分完了。但是，美国又不甘心，非要到中国来插一脚，分一杯羹。于是，美国国务卿海约翰于1899年9月6日提出《中国门户开放宣言》（又称《海约翰政策》），照会美国驻英、德、俄、法、日、意六国公使，宣示各国在华机会均等，保护中国行政主权完整，打破各国势力范围。基本内容是：各国对别的国家在中国取得的任何势力范围、租借地内的通商口岸、投资事业，或任何既得利益，不得干涉。运至各势力范围口岸的各国货物，均按中国现行关税税率，由中国政府征收。各国对进入自己势

◎孙中山塑像◎

◎商办粤路公司欢迎孙中山先生时合影◎

力范围内的他国船舶，不得征收高于本国船舶的港口税，他国使用自己所修筑或经营控制的铁路运输货物时，不得征收高于本国商品的运费。其意思就是：大家都到中国来赚钱，谁也别管谁，我可以到你的地盘做生意，你也可以到我的地盘做生意。

由于它的主要精神是利益均沾，机会平等。因而不论是在哪个列强的势力范围内，不论是否在中国内地或沿海地区都实行这个原则。它标志着美国已经形成自己独立的侵华政策，是美国侵华行动的"里程碑"。同时,它也受到列强的普遍欢迎,由此而使得列强在侵占、搜刮中国的问题上取得暂时的一致。因为这个方案的实行无疑扩大了列强可以在中国取得利益的范围,不仅可以在自己的势力范围之内,也可以在别的列强在中国的势力范围之内,这就避免了列强因在华利益的相互抵触使得列强间本已十分尖锐的矛盾进一步激化。也使得列强由争夺在华利益转化为在这个问题上的相互合作。

◎鄂军都督府◎

美国的这一政策,是在承认和维护列强在华租借地和势力范围中的特殊利益和既得权利的前提下,保证各国机会均等,自由贸易,使整个中国市场对美国商品开放。虽然这一政策承

◎民国初年河北沧州盐沱缉私营官兵驻所◎

认列强在华的既得利益，但各国皆无力独占中国，各国从各自在中国的不同处境出发，给予各不相同的回答。只有当时和美国一样在中国没有租借地和势力范围的意大利完全接受美国照会，多数国家表示有保留地同意。

1894年中国在中日甲午战争中失败后，西方列强对中国这块肥肉垂涎三尺，19世纪末，西方列强掀起了瓜分中国的狂潮。随着战争赔款的加深，人民不堪重负，终于发起了义和团运动。义和团，又称义和拳，义和团的参与者被称为"拳民"。是19世纪末中国发生的一场以"扶清灭洋"为口号，针对在中国的西方人（包括在华传教士及中国基督徒）所进行大规模群众暴力运动。在义和团运动中，有二百多名外国传教士及众多中国基督徒死亡；也有许多与教会无关的中国人被义和团杀害，数量远超被害教民，北京地区，死于义和团手下的有十几万人；死亡的义和团拳民、义和团支持者以及其他中国人也不计其数。

义和团本来是长期流行在山东、直隶（今河北）一带的民间秘密会社，与白莲教等传统民间秘密团体有关。最初义和团同当时清朝大部分秘密团体一样，反对满族统治，以"反清复明"为口号。随着中国近代史形势的发展，以帝国主义侵略为先导的西方势力的冲突代替华夷之辩、满汉之争成为最主要的历史矛盾。1898年，义和团首领赵三多首次提出"扶

◎义和团团民◎

◎八国联军◎

清灭洋"的口号，义和团开始支持清朝抵抗西方，改名为"虎神营"。

1900年7月3日，当义和团运动进入高潮，八国联军准备进攻京、津之际，海约翰又向前述六国及荷、葡、奥、西等国提出第二次《门户开放政策》，声称美国政府所做的一切都是为了保持中国的领土与主权的完整，保障全世界与中国进行同等的公平贸易。其实这些都是废话、空话，都是为了侵略中国而找的各种借口。自此中国变成"公共市场"，成为了国际共管的殖民地。

清政府对义和团的态度从镇压变为借助他们抵抗外国列强，结果义和团在京津一带迅速发展，越来越多的清军士兵参加义和团，以端亲王载漪为首的排外势力在清政府内占据上风。各国公使眼看清政府已无法控制形势，便策划直接出兵干涉。5月28日，英、法、德、奥、意、日、俄、美八国在各国驻华公使会议上正式决定联合出兵镇压义和团，以"保护使馆"的名义，调兵进入北京。5月30日至6月2日，八国的海军陆战队四百多人，陆续由天津乘火车开到北京，进驻各国使馆集聚的东交民巷。随后，各国继续向中国增兵，24艘军舰集结大沽口外，聚集在天津租界的侵略军达两千余人。6月6日前后，八国联合侵华政策相继得到各自政府的批准，侵略中国的战争爆发。

1900年6月10日，外国侵略军两千多人在西摩尔率领下，由天津向北京进发，

◎孙中山手迹◎

沿途遭到义和团民众的抵抗。11日，义和团与侵略军在落垡车站附近展开白刃肉搏战。18日，义和团将进犯廊坊车站的侵略军包围起来，发动攻击，打死打伤侵略军数十人。19日，西摩尔带领着剩余的兵士逃向天津，走到半路遭到民众堵截，一战不可避免，外国联军又死伤四百多人。22日，狼狈退到天津西沽。6月17日，另一支侵略军在大沽登陆，进犯天津，由于义和团的发动，百姓们人人皆兵，八国联军一路上处处挨打，虽然不能给他们造成什么实质性的打击，但是也使得他们疲于应付。直到23日才占据老龙头车站（现天津车站），并和在西沽的侵略军会合，到达天津租界后，向天津城发动进攻。7月6日起，张德成领导义和团众在紫竹林与侵略军血战三昼夜。但是，由于实力对比太过悬殊，

◎清末天津天后宫百谷朝宗牌楼◎

联军兵器先进，而义和团只有大刀长枪，还相信什么团员会刀枪不入，这就注定了这场战争不会胜利，抵抗只是延缓失败的时间而已，14日，天津被攻陷。

八国联军侵华期间，清政府见八国联军攻势迅猛，因而又动摇了，他们开始怀疑依靠义和团能不能真的打败外国侵略者，但是，中国的统治者都知道"水能载舟，亦能覆舟"的道理，由于他们怕激起民愤，又不敢明目张胆地镇压义和团讨好外国侵略者。于是，他们"明修栈道，暗度陈仓"，清政府在民众的压力下，表面上向列强各国"宣战"，暗地里却破坏义和团运动，向侵略军妥协投降。

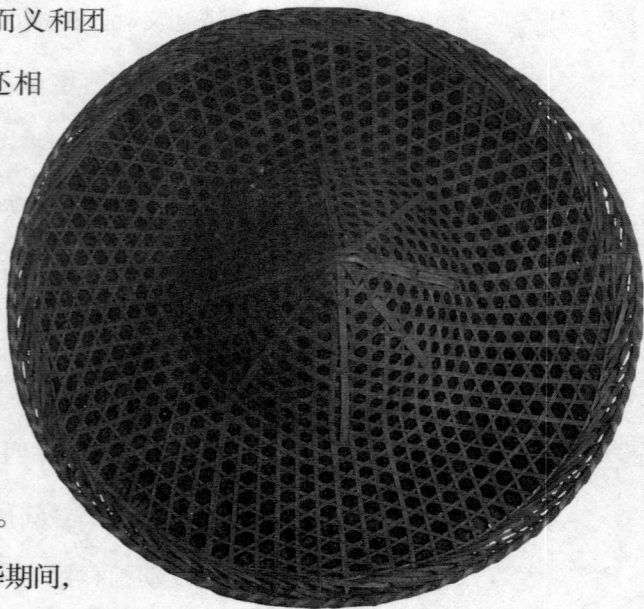

1900年7月14日天津失陷后，清政府于8月7日任命李鸿章为全权大臣正式向外国列强乞和。列强本想借武力瓜分中国，将中国完全变成他们的殖民地，但在中国人民的反抗下，没能得逞；同时，各国各有打算，互不相让，钩心斗角，矛盾重重。最后他们达成一致，决定继续利用和维护清政府的统治间接来统治中国。

1900年12月，列强（除了出兵的八国外，又加上比利时、荷兰、西班牙三国）向清政府提出《议和大纲》，又订立详细条款，于1901年9月7日在北京正式签字，因为1901年为中国旧历辛丑年，所以这个条

◎签订《辛丑条约》时的情景◎

约被称为《辛丑条约》。

《辛丑条约》的主要内容是：惩办在八国联军侵华过程中，进行过抵抗、支持过义和团或民众进行抵抗的官员，清政府此后必须明令禁止中国人建立和参加抵抗侵略军的各种组织。这一条的潜台词就是，中国不允许有反对外国侵略的声音存在，外国列强想怎么欺负中国人就怎么欺负，想怎么样就怎么样，中国人都不许反抗，否则，作为外国列强侵略中国代理人的清政府就要对反抗者进行镇压，列强们消灭反对自己的力量都不用自己动手。

◎炮台◎

派亲王、大臣到德国、日本等国登门赔罪。中国在清朝中期以前都是以天朝大国自居的，中国的经济总量和地域范围在世界上都是数一数二的，是名副其实的大国。康熙、乾隆时期，外国使臣到中国来晋见皇帝都要三跪九叩，即使是在1840年鸦片战争之后，中国虽然被打败

◎鄂军都督府广场◎

了，但是，也没有因为失败而放下自己"天朝大国"的身段，仍然把外国侵略者看做是"夷狄"。不管是清朝统治者还是民众，对待外国人在骨子里仍是蔑视的，这也就是为什么外国人在战胜以后，非要在中国设立使馆的原因。因为互设使馆，互派使臣是两国之间地位平等的表现。这次中国派皇亲国戚和大臣到国外去给人家赔礼道歉，使中国的国际地位一落千丈。不再是高高在上，而是在列强的淫威之下苟延残喘。

赔款4.5亿两白银，分39年付清，本息9.8亿两白银。4.5亿两白银，不是4.5亿

◎孙中山纪念馆◎

元，这是多么巨大的一笔钱，是清政府几年财政收入的总和。而且还不是一次交清，而是分39年，这不是怕中国一时之间拿不出这么多钱，为中国争取更多的时间，而是列强们在为自己争取时间。还是那句话"拿人家的手短"，欠别人的钱，自然要听别人的话，除了赔款，列强还可以借此来控制中国的政治与经济的各个方面，为自己掠夺中国的各种资源争取更多的时间。中国还钱的时间越长，被列强支配的时间就越长，他们获得的利益也就越多。而且，经过39年，本息结合，早就不是4.5亿两，而是变成了9.8亿两，中国又得再多付出一倍的代价。

在北京东交民巷一带设使馆区，各国可在使馆区驻兵，中国人不准在区内居住。就像是别人住在你家里还要随意支配你家的东西，然后把你赶出去。这是在中国建国中之国，这一条的提出，预示着中国主权的丧失，中国的事不再是中国人自己说了算了。

毁掉大沽炮台以及北京至天津海口的炮台，各国可以在北京至山海关铁路沿线驻兵。炮台被毁掉了，也就是把中国人抵抗外国侵略的武器毁掉了。列强把自己的火炮架上去，就可以监视中国人民的动静，一有反抗的举动，他们就可以随时镇压，更重要的是，他们想再发动侵略战争也会更加容易。想什么时候打就什么时候打。中国，随时都处在别人的屠刀之下。《辛丑条约》签订后，中国完全沦为半殖民地半封建社会，中国的民族危机更甚于前。

◎大沽口炮台◎

◎南京中山陵◎

　　清王朝对外软弱无能，为了保住风雨飘摇的王朝政权，防止汉人再次掌握政权，不惜出卖国家利益，对列强一味的割地赔款。虽然清王朝建立的时候是国富民强，可是二百多年的闭关自守之后，统治阶级内部早已腐化不堪。早在嘉庆时期清政府就想对政府内部进行整顿，嘉庆皇帝一上台就查处了大贪官和珅，但是也就仅此而已。和珅之所以会贪污那么多是因为有人给他送，清朝官员的俸禄有限，但也只够温饱，想要大富大贵是不可能的，更不用说给和珅这样的大官送礼了，他们能送出打动上官的礼物肯定也是从别人那里得来的，送礼为了升官，升官为了贪更多的东西。这样，上行下效，恶性循环，"一年清知府，十万雪花银"，贪污已经成了清朝官场的惯例，这样的官员怎么会为百姓做事，又怎么会促进社会的发展。官员贪污腐化，对人民极尽剥削之能事，人民活不下去了自然要起来反抗，一到这个时候清政府就会采取血腥的镇压。不是爆发就是灭亡，在内外双重压迫之下，激起民族革命是必然的结果。

◎民国时期陕西西安鼓楼附近街景◎

二、辛亥革命的起因

（一）商品经济的发展

中国传统社会几千年来所固有的经济结构——以农业和家庭手工业相结合为基础的自给自足的自然经济，是非常稳定的，稳定到社会各个阶层不需要发展，不需要与世界其他国家联系，不需要与世界其他国家进行经济交流就能维护自身经济的运行。正因为如此，清政府一直实行闭关锁国的政策，一锁就是二百多年，世界各国都进入资本主义时代了，中国还处在封建社会；世界各国的军队都装备了先进的火器，而中国军队用的还是大刀长矛。清朝统治者捂住了自己的眼睛和耳朵，被快速发展的世界各国远远地落在了后面而不自知，还在做着天朝大国的美梦。直到19世纪中期以后，鸦片战争爆发，才打破了这个美梦。

西方各国强行打开中国大门之后，西方的经济模式也被强行带入中国。尽管中国社会的经济结构仍然是自然经济占主导地位，尤其在农村，但在许多城市，如

◎民国时期包头工匠纺羊毛的情景◎

◎鄂军都督府◎

长江流域的城市，由于通商口岸的开放及内河航运业的发达，近代资本主义商品经济思潮猛烈冲击着传统的重农抑商思想，城市里传统的手工业、商业已经逐渐向近代资本主义工商业转化，社会经济结构发生显著的变动。

在资本主义生产方式的猛烈冲击下，中国传统手工业解体，近代工业才得以蓬勃发展。各城市工业近代化的标志不仅是这一时期新创办的民族资本主义工厂，还应包括已有的同类工厂和官办、官督商办工厂以及外资工厂。这四种工业，都与传统手工业不同，是近代机器工业，出现在城市中，改变了城市的工业结构，随着工业的近代化，城市之中的各个阶层也随之发生近代化。同时，工业的近代化直接促进了城市商品经济的蓬勃发展，引起城市经济结构近代化。

由于沿海沿江通商口岸的开辟，以及内河航运业的发达，使得长江流域出现了一些重要的工商业中心城市，如下游的上

◎民国时期浙江宁波街景◎

海、中游的武汉和上游的重庆，以这些城市为中心点，在长江流域各大城市间形成一个较大的区域性商业贸易网络。

统一市场的形成，大量商业公司、贸易公司的创设，对小商小贩的行商坐贾式传统商业给予猛烈冲击。原来中国传统的市场是每月固定的几天开市，各地的商贩或是农民把自己家的剩余产品拿到市场来卖，大部分都是小规模的，而且形式不固定，也有小商贩挑着担子，担些日用品，走乡串镇地卖些东西。而商业公司、

◎民国时期云南蒙自街景◎

贸易公司的设立就使得商品交易更加规范，规模也比以前大很多，商品不仅价格便宜，而且在质量上也有所保证。于是那种小规模的形式不固定的传统经济模式慢慢被取代。尤其是1903年清朝商部设立后，商会在全国各地大量兴起，传统的商业行帮组织逐渐向近代资本主义的商会转化。这些都标志着商业的近代化。

◎民国初年的广东财政厅外景◎

　　以上海为例。原来的上海，只是一个以渔业和棉纺织手工业为营的小镇。1842年《南京条约》签订后，由于上海地理位置靠海，是各国货物来华或货物输出的集散地，成为中国对外开放通商口岸之一，并很快因成为东西方贸易交流的中心而迅速发展。上海，在当时就是全国最大的商业中心了。有人认为，上海占了长江口的有利地理位置，独霸着这条大江沿岸各地的商业，所以上海在当时已经握着中国全部商业的一半了，这还只是就国内贸易而言。

上海市内商业更是繁荣，上海开埠后，不论是国内还是国外的商人都云集此地，浦东地区教堂林立，几乎每天都有新的商号开张。1909年已有各种百货公司、商店四百三十多家，1910年增至六百三十六家。号称"十里洋场"的南京路等地已成为重要商业区。

◎民国时期上海的南京路◎

　　如果说上海商业的发达可以反映沿海地区的城市商业发展的最高水平，那么内地城市商业的发展当首推武汉了。武汉现在是全国七大中心城市之一，长江中下游特大城市。世界第三大河长江及其最长支流汉水横贯市区，将武汉一分为三，形成了武昌、汉口、汉阳三镇隔江鼎立的格局。武汉有一个著名的景观——黄鹤楼。黄鹤楼位于武昌蛇山，始建于三

◎黄鹤楼◎

◎民国时期湖北武汉三镇之一的武昌街景◎

国时期吴黄武二年（223年），传说是为了军事目的而建，孙权为实现"以武治国而昌"（"武昌"的名称来源于此），建造了武昌城，并建楼以作瞭望之用，享有"天下绝景"之称，与湖南岳阳楼、江西滕王阁并称为江南三大名楼。唐朝诗人李白曾写下"黄鹤楼中吹玉笛，江城五月落梅花"的诗句，因此武汉自古又称"江城"。在清代末期武汉经济繁荣，一度是中国内陆最大的城市，位居亚洲前列。

武汉三镇占据长江沿岸枢纽，是长

江沿岸最繁荣的城市。汉口更是
商业贸易中心，1858年清朝
与列强签订的不平等条
约《天津条约》中增开
的通商口岸，就包括
汉口。1861年3月汉口
正式开埠。英、俄、法、
日等五国先后在老汉口镇
的下游沿长江开辟了租界。以
英国为首的各国商人在这里经营长江航
运和茶叶等农产品出口业务。汉口的对外
贸易很快远远超过广州，几乎可以与上
海并驾齐驱。一时间，汉口经济高度繁
荣，日本驻汉领事水野幸吉在《汉口》一
书中称之为"东方芝加哥"，可见其商业
贸易之发达。

◎民国时期北京外国使馆区东交民巷◎

　　除了上海和武汉外，其他各大城市都
有类似变动，也许在程度上不同，但这种
商业近代化的趋势则是一致的。

　　这足以说明，20世纪初长江流域近

代商品经济的勃兴，这也标志着一种近代
化的趋势。在整个社会系统内，经济结构
的变动是社会变动的基础，也就是说，一
系列其他社会因素将随着经济结构的变
动而变动，这样便形成了整个城市的大
变动。

（二）新社会群体的兴起

中国古代社会是稳定的，这也是为
什么历史上的四大文明古国只剩下中国
的原因之一。中国古代自隋唐之后有了科
举，社会阶层才在一定程度上有了上下流

◎民国时期四川男子头饰◎

动，下层民众可以通过自己的努力，经由
科举进入仕途，从被统治阶级变成统治
阶级。明朝权倾一时的名臣张居正祖上
都是农民，他在中举之前也是农民的身
份，可是一旦考中，就"朝为田舍郎，暮
登天子堂"，一下就平步青云了。但是，能
够通过这一途径提高身份的人毕竟是少
数。

　　传统的社会中，只有两个群体——

◎民国男子服饰◎

统治者群体与被统治者群体，在传统社会走上近代化的特殊历史过程中，新的社会群体不断分化出来并重新组合。

学生群体就是新生成的群体之一。学生群体包括国内新式学校学生和国外留学生，出现于1901年以后清政府的"新政"。在全国性的"兴学"热潮中，各省创办了许多新式学堂，各省学生人数急剧增长。这些学生大都聚集在城市中，尤其是省城。

当中国的大门被强行打开之后，中国人的眼界也被打开了，很多中国人看到了外国的先进与中国的落后，他们想弄明白为什么差距会如此之大，这么大的差距是如何产生的，又如何才能弥补。在历史上一直向中国学习的日本，为什么面对与中国相同的境遇，而结局却不相同，为什么他们在西方列强的打击下能快速地走出来，而中国却不行。为了弄明白这一点必须要走出去，于是，外出游学

的人数也在增加, 而且以留学日本为多。

湖南、湖北、四川、江苏、浙江几省是中国留学生最多的省份。由于长江流域受到的冲击最为直接, 所以这一地区走出去的

◎民国初年男子发式◎

人也最多, 整个长江流域的留学生人数占总人数的三分之二左右。

留学生回国后一般都在各大城市活动, 与国内学生共同形成新式学生群体, 集聚了一大批社会精英分子, 成为一股非常活跃的政治力量。在20世纪初的中国, 学生群体是革命思想的重要传播者, 在辛亥革命中, 他们起着先锋和桥梁的作用。

新军士兵群体。以新军士兵为主体, 另外包括一部分下层军官。到1907年长江流域各省已练成近五万新军, 其中绝大部分为士兵, 并且一般都驻守在省城。新

军之所以称为新军，是因为他们的训练方式是按照西方军队的训练方式，而非中国传统的军队训练方式，在无形中就会接受西方的先进思想，他们学会了思考，而不是一味的听取上级的命令，开始思考什么样的方式才能拯救中国于水深火热之中。这样在各大城市中便形成学生群体以外的又一股非常活跃的政治势力。

1905年科举制度被废除，延续一千多年的中国士人"学而优则仕"的向上的社会流动渠道被断绝，不少读书人不得不投笔从戎，加入新军以寻求新的出路，使新军的文化素质大为提高。

◎辛亥革命博物馆◎

新军下级军官许多来自武备学堂和日本士官学校，凭他们的文化水平和经历，是很容易接受新知识、新思想的，何况他们本来多以投军寻求升迁之道。因此，新军士兵群体无疑是一支激进的革命力量，武昌起义及其他城市独立，都与

◎人民英雄纪念碑浮雕◎

新军起义有关。革命刚开始时，各省起义响应者多为新军。

　　绅商群体，主要有商人、实业家和一些开明士绅，另外还有少数官僚政客。绅商群体的聚合主要在立宪运动之中，由于各种团体和机构的创设，其政治代表就是立宪派（随着"新政"和"预备立宪"而崛起的资产阶级上层及其政治代表所组成的政治派别）。他们主张继续保持以清朝皇帝为代表的大地主、大买办阶级的统治，而只把它的政权组织形式改变。召开议会，建立责任内阁，以便民族资产阶级参政，为本阶级争取更多的利益。

　　起初，他们对清政府的立宪新政满怀希望，当1906年清政府宣布"预备立

"宪"时，张謇、汤寿潜就在上海组成预备立宪公会，汤化龙在武汉组建宪政筹备会，谭延闿在长沙成立宪政公会。

1909年，各省设立咨议局，后来在国会请愿运动和保路运动（清末四川人民反对清政府出卖铁路主权的爱国运动。1911年5月，清政府将已经由民办的川汉铁路强行收归"国有"，随后又将筑路权出卖给英、法、德、美四国银行团，激起了四川人民的强烈反对。民众奋起反抗，组成保路同志军在各县发动武装起义。9月25日，同盟会员吴玉章、王天杰宣布荣县独立，建立了辛亥革命时期第一个县级革命政权，进而在四川全省发展为反清大起义）中，更是聚集了各大城市的绅商群体。

20世纪初，绅商群体始终醉心于立宪运动，而从来不曾想过要革命。清政府的立宪失败之时，正是革命形势成熟之日。绅商群体想通过自上而下的改革改

◎辛亥秋保路死事纪念碑◎

变中国现状的希望破灭了，终于被动地转
向革命，并掌握了一些省份的革命政权。
可以说，绅商群体也就是资产阶级群体
是被动的参加和领导革命的。

　　革命党人群体。20世纪初，有一批著
名的革命团体在长江流域兴起，如长沙
的华兴会，武昌的科学补习所和日知会，
以及江浙皖革命党人在上海成立的光复
会。由于中国同盟会把注意力大多集中
在华南的两广的边境地区，在那里多次
发起革命运动，可是都以失败告终。1907
年，长江流域各省同盟会员在东京成立
共进会，计划发动起义。与此同时，国内
革命党人则在本地进行活动。

◎宋教仁◎

　　在武昌，新军士兵中革命组织——群
治学社、振武学社和文学社一脉相承，聚
集了大批革命党人。1911年7月，宋教仁、
谭人凤、陈其美等在上海成立中部同盟
会，更致力于在长江流域发动革命。

　　上述革命党人的一系列革命活动表

◎孙中山塑像◎

明，这个群体，尤其是其中把精力全部放在革命上的职业革命家，他们是革命的积极倡导者。

另外，一般市民大众群体，包括工厂工人、中小商人和其他城市居民。在当时的历史背景下，他们的意识还没有上升到主动倡导革命的地步。他们在革命党人和学生们的宣传鼓动之下，耳濡目染，在生存状况受到威胁的情况下，一般能附和革命、支持革命。虽然他们的革命积极性不是很高，但他们的数量却很巨大，充分发动他们，对革命具有重大作用，因此，这个群体是革命的社会群众基础。

在中国古代封建社会，皇帝被称为"天子"，是上天的儿子，是神在人间的代表，更是中国几千年封建统治的象征，但到辛亥革命前夕，皇帝在人们心中的地位已经不再是那么神圣不可侵犯了。大革命家章太炎先生在《驳康有为书》中就直言大骂"载湉小丑"。

◎章太炎◎

无论是支持君主立宪的，还是支持民主共和的，都对封建专制政体深恶痛绝。在传统社会中，平民百姓是没有地位的。"率土之滨，莫非王臣。"凡是生活在土地上的人民都是国王（或皇帝）的臣子，也就是供皇帝驱使的奴仆。到了中国近代，民众开始参与政治，人民逐渐产生国民意识并且日益增强，他们终于认识到:"夫国家者,国民之孕育,而政府者,又国家之孕育,故国民者,国家政府之根本。"意思就是:有了国民才有国家,有了国家才会有政府,所以国民是国家和政府的根本。

国民在有了参与政治的意识以后,自然而然就会要求建立自己的政府,自己当家做主,建立共和国。1903年,邹容(1885—1905年)在他的著作《革命军》中就喊出了"中华共和国万岁"!这代表了当时中国革命先行者的心声。

有人认为,在湖北新军中,中下级官员都具有共和精神。到武昌起义时,已经发展到,全国人民大部分都支持共和的程度。这种意识形态的变动,为辛亥革命提供了思想基础。

满族以少数民族入主中国,在其统治中国的二百多年的时间里对广大汉族和其他少数民族施行民族歧视和民族压迫政策。近

◎孙中山塑像◎

代以来，西方列强入侵，清政府一而再再而三地出卖国家利益，丧权辱国。20世纪初，清政府已完全屈服于列强的淫威之下，慈禧还说"量中华之物力，结与国之欢心"，为了讨好列强，把全中国的东西都送出去也在所不惜。这个时候的清政府已经不是中国人的政府，而是变成了"洋人的朝廷"，是列强剥削中国的代表。生活在水深火热之中的中国人意识到，帝国主义国家过于强大，直接对抗是

◎炮台◎

没有胜算的，只得将目光转向了列强在中国的代表——清政府。于是，"反满"的民族主义又再次兴起。

更由于各种具体的原因，使社会各阶层各群体对清政府由失望而走向反动，形成一种反清排满的大众心理。革命党人首先认识到清政府统治的祸害，提出"反满"口号。革命党人的民族主义思想很明显，学生群体的反清排满心理也是显而易见的。1905年科举制度废除后，士子们不能再通过科举而直接步入官场了，新式学校的学生和留学生的出路也是毫无指望。由于对政府的失望和前途的担忧，使本来就很敏感好动的学生们产生了强烈的反动情绪，很快走上了反清排满的革命道路。

新军士兵群体大多由士子投军，本来以为这也是一条出路。但是，当时的新军士兵，几乎没有升迁的希望，不满情绪极

◎孙中山像◎

为普遍。"驱逐鞑虏,恢复中华"的宗旨已经普遍被新军所接受。在武昌起义后,除北洋军及禁卫军外,新军都已经脱离中央而独立。

绅商群体,本来与清政权相依为命。20世纪初,清政府迫于形势压力宣布"预备立宪"。绅商群体的政治代表立宪派更是为了实现"预备立宪"而积极奔走,大肆宣传。殊不知清政府只是做做样子而已,根本没想过从根本上改变制度,根本没想过要放权。到头来,支持立宪的绅商们只是竹篮打水一场空。

于是,他们绝望了,同时他们也意识到,政府不想改变现状,那只有靠自己为自己争取了,改革不行,那就只有革命了。终于,清政府将这个群体逼上了自己的对立面。

由于清政府统治的暴虐,加上革命党人的宣传鼓动,致使广大人民群众也普遍接受了以革命的方式来改变生活状

◎孙中山手迹◎

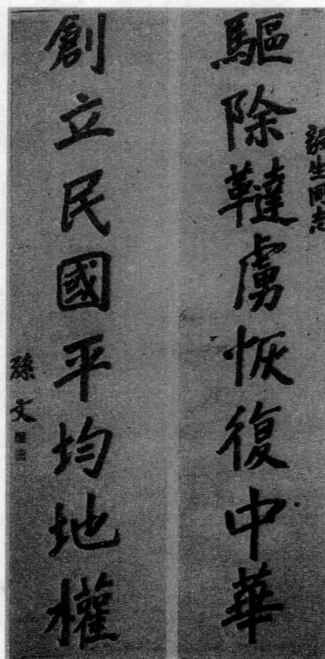

态的思想。1910年春，长沙抢米风潮还只是人民一种本能的对现状不满的反抗运动，此后，革命已经成为一般人民的普通心理。1911年发生在四川的保路运动则是群众主动地进行反政府的革命活动了。所以，

◎孙文纪念公园◎

武昌起义时，武汉三镇居民，对于革命同志、革命士兵，夹道欢迎。

辛亥革命前，反清排满已成为市民社会的大众心理。所以城市成为主要的革命基地，经过学生和革命党人的倡导，以新军为主力发动革命就成为可能，在革命发生以后，也就必然会得到人民大众的支持。有了这些条件，辛亥革命——这场由革命党人和绅商群众联合领导的城市社会革命，就这样爆发了。

世界潮流浩浩
蕩蕩順之則昌
逆之則亡

孫文題

三、辛亥革命的经过及结果

（一）兴中会与同盟会的成立

清末由孙中山及其支持者创立了中国最早的资产阶级革命团体——兴中会。

孙中山早年在海外求学，受到西方民主共和思想的影响，萌发将西方国家民主主义引进到中国、迅速建设自己国家的理想。他的兄长孙眉(后改名德彰，字

◎孙中山像◎

寿屏)是檀香山的华侨。孙中山少年时跟随母亲一起到檀香山投奔他的哥哥,并在那里学习了五年,所以很熟悉那里的情况。

美洲和檀香山的华侨,大都从事洗衣、厨工,或经营杂货店、餐馆、古董店、手工业、卷烟等业,都有一定的积蓄,有资助国民革命的条件。

光绪二十年（1894年）夏，孙中山上书李鸿章要求改革，被拒绝后于同年秋出国，前往他早年曾求学的日本。中国的海陆军在中日甲午等战争中连续惨败，日军已侵入中国东北。报国无门的孙中山在华侨中倡议集结团体，共谋救国大计。

11月24日，孙中山在檀香山本来想借卑涉银行华人经理何宽的寓所，后来因为人数多，容纳不下，改在李昌寓所，召集华侨革命志士开会，二十多位赞同孙中山主张的进步华侨，聚议成立兴中会，通

◎中山纪念堂◎

过了孙中山草拟的《兴中会章程》，这标志着兴中会的成立，这是中国资产阶级最早的革命团体。

兴中会的宗旨是"驱除鞑虏，恢复中华，创立合众政府"。以刘祥、何宽为首任正副主席。可惜不久，刘祥便退出兴中会。《章程》斥责清王朝昏庸误国，导致严重的民族危机，强调兴中会以"振兴中华"为宗旨。兴中会已完全不同于反清的旧式会党，而是一个以在中国开展资产阶级民主革命为职志的政治集团。

◎中华民国开国纪念币◎

参加者多为经营商业和农场、牧场的华侨资产阶级，也有医生、教员、通事、记者、行号职员等。兴中会成员最初为二十多人，随后逐步增加。兴中会中，华侨约占总人数的78%。兴中会这一革命团体，秘密誓

◎南京中山陵音乐台◎

词为"驱除鞑虏，恢复中国，创立合众政府。倘有贰心，神明鉴察"。誓词中的民族主义和民主共和的政治要求，显然是以孙中山为首的共和知识分子先进思想的结晶。宣誓时，将左手放在圣经上，举右手向天依次宣誓。之所以这样，是由于成员中有不少教会人士，使兴中会吸取了"洋"教的宗教仪式。

1895年1月，孙中山从檀香山赴香港，准备策动武装起义。2月，孙中山召集旧友陆皓东、郑士良、陈少白、杨鹤龄、区凤墀等在香港设立兴中会，并计划联合各地同志扩大檀香山兴中会的组织。

2月下旬，租下中环士丹顿街13号为会所，为了不引起警察的注意，以"乾亨行"作暗号，意思是乾元奉行天命，其道乃亨。入会者都要高举右手向天宣誓，与檀香山兴中会入会仪式大致相同。香港兴中会的骨干人物有郑士良、朱贵全、丘四等。此后，兴中会与哥老会、三合会合并，推孙中山为总会长。

1903年，孙中山由日本再到檀香山，这期间，保皇党人在檀香山等地也大肆活动。保皇党首领人物梁启超积极争取海外华侨加入保皇阵营，檀香山保皇势力盛极一时，孙中山的革命活动受到很

◎孙中山塑像◎

◎民国纪念币◎

大阻力。孙中山在洪门的联兴会馆演讲时，保皇党故意捣乱，企图阻止演讲。

经过孙中山的奋力宣传，人民才慢慢地由支持保皇党改为重新支持兴中会，并在孙领导下组织了"中华革命军"，成为兴中会的外围团体。其入会誓词为："驱除鞑虏，恢复中华，创立民国，平均地权。如有反悔，任众处罚。""平均地权"的口号在这里首次被提出。经数月的艰苦工作，阻力渐渐减少，兴中会也由秘密活动转为公开演说。

发动华侨虽然历尽艰苦，但比起在国内组织和发动群众有不少有利条件。当时国内民族资产阶级的力量相对于封建势力的残余和西方列强来说还很弱小，不足以领导民族资产阶级民主革命，如果说资产阶级民主革命必须有阶级基础的话，其阶级基础在海外。因为，华侨中的资产阶级成分比例比国内高，华侨在海外居住，耳濡目染民主共和风气，近代化

意识高于国内，心态上也比较容易接受
民主、共和的政治宣传。海外华侨中，粤
籍人士众多，孙中山便于利用粤籍同乡关
系开展活动，而且语言相通，也更容易产
生亲切感。远离故乡而在异国相逢的同
乡关系，成为革命活动初期组成革命团
体的有利条件。同时，孙中山本身就是熟
悉檀香山华侨情况的华侨子弟，这又是
便于他在海外开展革命活动、建立革命
团体的有利条件。最重要的是，在海外活
动可以避免遭受清政府镇压。

◎十八星旗◎

从1895年至
1911年间，兴中会
以及后来的同盟
会先后发动了十次
起义。虽然这十次
起义都没有成功而
且持续的时间都很短，但影响却涉及到
全中国，为以后的辛亥革命展开了前奏。

1905年8月20日在日本东京，孙中山

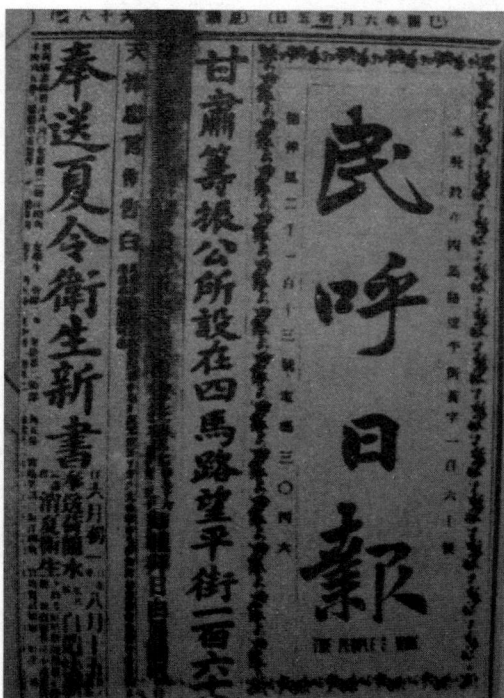

◎民呼日报◎

等人将华兴会、兴中会、复兴会、科学补习所等多个组织聚集到一起，组成了中国同盟会，简称同盟，由孙中山提出了"驱除鞑虏，恢复中华，创立民国，平均地权"的十六字纲领。并创立了机关刊物——《民报》。孙中山任总理，黄兴为副总理。秉承三权分立的原则，在总理下设行政、立法和司法三个部。

从1894年建立兴中会开始，孙中山就十分重视武装斗争，把武装"倾覆满洲政府，建设民国"视为头等大事。

20世纪初，清政府为了抵制革命、保住皇权、渡过危机，曾打出"新政"与"预备立宪"的旗号。孙中山于1903年12月13日在檀香山一次讲演中，郑重提出清政府是不可能实现君主立宪的，要想建立民主共和的国家必须要进行革命才行。

孙中山吸取法国大革命、美国独立战争的历史经验，而且直接继承了太平天国农民战争的革命战斗传统。他在1904年《〈太平天国战史〉序》中，对太平天国

◎中华民国开国钱币雕塑◎

◎民国总统府◎

一直坚持武装斗争大加赞扬。1905年秋，孙中山在进一步阐述兵权、政权及民权的相互关系时指出：要革命必须要有人民的支持，也就是必须获得民权；要想革命必须得有兵权。没有兵权就没有政权，不能掌握政权就不能为人民做主。

1906年他又明确提出了通过暴力革命建立资产阶级议会制共和国的总方针。总之，同盟会曾经设想过用自己组建指挥的"国民军"，去推翻清朝封建反动统治，建立资产阶级专政的军政府。

18岁以上，40岁以下的国民，都可以参加国民军。国民军还可将各地起义的"义民"编入军队，也接纳投降的清朝兵勇。凡是参加国民军的人都要宣誓：第一，遵守国民军宗旨，驱除鞑虏、恢复中华、创立民国、平均地权、坚信不移、有始有终。第二，服从国民军军律，如有违

◎鄂军都督府◎

犯，甘受罪罚。

同盟会还将招降清朝官兵及地方官吏、瓦解敌人、争取敌军反戈，作为一项重要的政治军事任务。

由此可见，以武装的革命反对武装的反革命，是以孙中山为代表的资产阶级革命派革命活动的特点和优点。他们在武装斗争的实践中，也曾将上述规定和设想在一定程度上付诸实施，从而使辛亥武昌起义胜利后所建立的各省都督(军政)府和中华民国南京临时政府具有鲜明的资产阶级民主革命性质。

但是，资产阶级革命派在实际上却

没有在认真动员和依靠群众的基础上真正建立起自己指挥的国民军，而只是在一定范围内利用会党和策动新军起义。而且，资产阶级革命派没有建立可靠的革命根据地。这些都导致武装反清的革命斗争没有深厚的群众基础和真正的革命中坚力量——军队，缺乏坚实的后援，这就为后来封建买办势力窃夺革命果实预伏下危机。

（二）广州起义及其后续

◎广州起义烈士陵园◎

1895年春天，以香港为中心的兴中会策划了第一次广州起义，由陆皓东绘制青天白日旗。10月26日，杨衢云、孙中山率领郑士良、陆皓东到广州，准备一举夺取广州。但是，由于不慎走漏消息，在清政府随后展开的大搜捕中，陆皓东不幸被捕后身亡。第一次广州起义因此宣告失败。孙中山、杨衢云在事情败露后逃亡，被清廷通缉。香港当局在清政府压力下也下令在五年内禁止二人进入香港。孙中山开始流亡海外，在日本、美国、伦敦等地宣传革命并筹措经费。

◎孙中山塑像◎

1900年，中国发生了义和团运动，形势一片混乱。6月，孙中山与郑士良、陈少白、杨衢云及日本人宫崎滔天、平山周、内田良平等从横滨抵达香港，但是由于孙中山是清政府通缉的对象，英国当局拒绝他们入境。9月25日，孙中山在日本黑龙会的帮助下，经马关抵达台湾。会见日本民政长官之后，得到日本驻台殖民地官员承诺支持在广东起义。

在这一过程中，孙中山得到了日本人和日本政府的帮助，有些日本人是真正想帮助中国的革命党人组成国民政府。但是日本政府的初衷并不是想让中国通过革命强大起来，他们是想扶植还很弱小的革命势力来扰乱中国本就已经混乱不堪的局势，坐山观虎斗，当清政府和革命党人两败俱伤的时候，他们好从中渔利。

孙中山在台北建立起义指挥中心。10月8日，派遣郑士良等人在惠州三洲田（今

◎孙中山手迹◎

深圳三洲田）发动起义。因为起义地点是在惠州三洲田，所以也称惠州起义、三洲田首义，又因为1900年为中国旧历庚子年，所以这次起义又称庚子革命或庚子首义。起义军数量发展到2万人。起义在即，但是日本官员却在这个时候改变了态度，不再为起义军提供军备补给，也不再派军官参与起义，最后，革命军因粮绝弹尽而解散。不久在清政府镇压下宣告失败，史坚如、山田良政等被杀。孙中山被迫从台湾逃亡日本。

◎鄂军都督府鸟瞰图◎

1907年5月，革命党及三合会人许雪秋、陈芸生、陈涌波、余纪成等发动黄冈起义，一举占领了黄冈城（今潮州饶平县）。之所以选择这个地方起义，是因为黄冈地处广东东面，隶属饶平县，虽然只是一座小镇，但经济非常繁荣，是福建和广东往来的交通要道，具有重要的战略地位。

在长期的反清斗争之中，会党虽然较

为分散但却势力强大。加上黄冈地区会党与海外联系密切,常来往于海外,活跃于港澳地区,在一定程度上受到西方资产阶级文明的影响,因此具有一定的民主自觉性。从兴中会时开始,广东地区会党就一直与孙中山为首的资产阶级革命派联系密切,也就是说孙中山在这里起义一定会得到当地会党的支持。

起义前夕,潮州地区反清活动持续不断。如1905年黄冈反洋教斗争,嘉应的武装起义等等。这些斗争虽然没有对清王朝和外国侵略者造成太大的冲击,但是却有效地动摇了清王朝在这些地区的统

◎辛亥革命陵园◎

治基础，打击了地方反动统治势力，为资产阶级革命派的活动提供了有利的条件。同时黄冈临近南海，海陆交通便利，便于获得国外的接济，也便于革命者出入活动。加上潮州地处莲花山区、崇山峻岭，一旦革命者占据有利地形，是抵抗清政府围剿的天然屏障。

◎孙中山塑像◎

起义后，清潮州总兵黄金福立即带兵前往镇压。可惜，革命者的力量太过弱小，也没有得到正确的指挥，经过六天的斗争，革命党人被杀害二百余人，起义失败了。

同年，孙中山派人到广东惠州发动起义，以响应黄冈起义。6月2日，邓子瑜和陈纯等集合少数三合会党在距惠州附近的七女湖截获清军枪械，击毙巡勇及水师军兵多人。手中有了武器以后，他们于6月5日，进攻泰尾，将清军守兵打散，相继占领杨村、三达、柏塘等地。面对一片大好的革命形式,归善、博罗、龙门各地会党纷起响应,革命队伍一度增加到二百多人。后来,清水师提督李准调兵镇压,黄冈起义又失败了,得不到声援,孤掌难鸣,于是起义军只好在梁化墟解散。部分起义军流亡香港,大部分退入罗浮山区以待时机。

1907年7月6日,光复会的徐锡麟在安徽安庆起义。徐锡麟以安庆巡警处会办兼巡警学堂监督的身份,暗中联络会党,约定在7月8日乘巡警学堂举行毕业典礼时进行突然袭击,杀掉清朝官员,占领安庆,然后与秋瑾的浙东起义军共同攻打南京。

但是,因内部叛徒的出卖,安徽巡抚恩铭已经提前掌握了起义者名单,毕业典礼突然提前两天举行。在7月6日的毕业典礼上,徐锡麟用短枪击毙安徽巡抚恩铭,与马宗汉、陈伯平及追随革命的巡警学生一百多人很快占领了军械所,后被前

◎徐锡麟塑像◎

◎徐锡麟烈士墓◎

来镇压的清军包围,激战四小时后因寡不敌众而失败。陈伯平战死,徐锡麟、马宗汉被捕。

当晚,徐锡麟被杀,终年34岁。原计划响应起义的秋瑾也被捕杀害,安庆起义失败。

1907年12月2日,同盟会会员黄明堂、关仁甫率乡勇80人,携带快枪42杆,攻打广西镇南关。黄明堂与镇守炮台的清军取得联系,约定里应外合夺取第三炮台。当起义军发起攻击时,负责守卫的清军士兵一百多人,略作抵抗就集体投降,起义军又相继占领了第二炮台、第一炮台。第二天，孙中山亲率黄兴、胡汉民、日本人池亨吉、法国退役炮兵上尉狄氏等抵达镇南关，革命士气大受鼓舞。

次日，镇压的清军到达并发起攻击。当日下午，清军将领陆荣廷派人面见孙中山，表示愿率六百余人投靠革命军，同时说，不久还会有大批的清军前来镇压，要革命队伍早做准备。为了防止清军的猛攻，孙中山决定回到越南河内筹款筹枪，命黄明堂在此坚守。当晚，孙中山、黄兴等下山回越南。7日，军机处命失去镇南关的张鸣岐戴罪立功，于是他重新率领

◎孙中山像（前排右四）◎

4000人的兵力围攻镇南关。当夜，在张鸣岐和陆荣廷的夹击下，黄明堂由于枪弹打光，孙中山从越南运送的枪弹在文登就被法方扣留，弹尽粮绝的情况下，为了保存力量，于8日晚上退至越南燕子山。镇南关起义遂告失败。因为这一年为中国农历丁未年，所以这次起义又叫"丁未镇南关之役"。

◎黄兴塑像◎

1908年2月，黄兴以越南为基地，以二百多人从法属越南进攻广东钦州、廉州，作战十四天，是为钦州、廉州起义。

1908年4月30日，黄明堂从越南率二百余人进攻云南河口，得到清守军的响应，黄兴也加入指挥。5月26日清军攻陷河口，部分革命军又重新退回越南。

1910年2月12日，黄兴、胡汉民及新军内的倪映典，乘广州警察与新军发生冲突，率广州新军起义，阵亡百余人，被捕百余人，另有百余人撤至香港，起义失败。史称"庚戌新军起义"。

　　从第一次广州起义开始，革命者们发动了一次次的起义，有不少人也为革命事业流血牺牲，但是都没有取得成功，以至于有人开始怀疑革命的可行性，革命陷入低潮。为了挽回形势，坚定国人革命反抗清政府的信心，1910年11月13日，孙中山在马来半岛的槟榔屿，召集赵声、黄兴、胡汉民、邓泽如等同盟会重要骨干，决定再次在广州起义，和清政府决一死战。

　　他们计划以广州新军为主，因为新军受过专业的军事训练，精于打仗，但是由

◎武汉首义广场辛亥革命陈列室◎

于怕力量不足，另选革命党人500人组成"选锋"（敢死队），以辅助新军。打算先占领广州，然后由黄兴率军进入湖南，赵声率领军进入江西，谭人凤、焦达峰在长江流域举兵响应，然后在南京会师，举行北伐，继而进攻北京。

◎民国钱币◎

总结以前起义失败的教训，在起义发动前进行了认真的准备，不论是在物资准备上还是在组织联络上都有专人负责。为了更好地领导起义，1911年1月，同盟会在香港成立统筹部，以黄兴、赵声为正副部长，下设调度处、储备课、交通课、秘书课、编辑课、出纳课、总务课、调查课，具体领导这次起义，并陆续在广州设立秘密据点，作为办事和储藏军械的地点。革命党决心把这次起义组织好。

4月8日，一切准备就绪，统筹部决定在4月13日发起总攻，分十路进攻，以赵声为总司令，黄兴为副司令。但是，就在统筹部开会这一天，同盟会员温生才擅自行动用手枪击毙了广州将军孚琦，为此，广州戒严。同时，在美洲筹措的军饷和在日本购买的武器没能及时到达，因此，起义日期被迫推迟。

4月27日，将原定十路进军计划改为四路：在黄兴率领下向广州发起进攻。当日下午5时30分，黄兴带领"选锋"一百二十多人，臂缠白巾，手执枪械炸弹，吹响海螺，直扑总督衙门。击毙卫队管带，冲了进去。两广总督张鸣岐逃往水师提督衙门。黄兴等找不到张鸣岐，便放火焚烧督署衙门。随后，黄兴分兵三路：川、闽及南洋党人攻打督练公所；徐维扬

◎孙中山故居◎

率花县党人攻小北门；黄兴带领方声洞、朱执信等出南大门，接应防营。

攻督练公所的一路中途遇到防勇，不敌，只能绕路攻打龙王庙。打到半夜，终因众寡不敌，退到高阳里盟源米店，以米袋作掩护，向清军射击。后来清军用火攻，起义军被迫突围，喻培伦被俘遇害。

往小北门的一路也很快遭遇清军。经过一夜作战，打死打伤敌人多名。最后，张鸣岐放火烧街，徐维扬带人突围时，被敌人逮捕。

黄兴所率一部与温带雄所率计划进攻水师衙门的一路起义军相遇。这一路为了入城方便，没有缠带白巾，方声洞见无记号，以为是清军，便开枪射击，对方立即发枪还击，方声洞、温带雄牺牲。战至最后，只剩黄兴一人，才避入一家小店改装出城，4月30日回到香港。

起义前夕，曾通知惠州等地会党于4月28日起义响应。届时，顺德会党数百人

◎拜将台旧址纪念碑◎

起义，但因其余各路均未行动，势单力薄，缺乏作战能力，4月30日，在清军进攻下，会党解散。

起义失败后，广州革命志士潘达微收殓牺牲的革命党人遗骸72具，合葬于广州郊外的红花岗，为他们树碑立墓，并将红花岗改为黄花岗，史称"黄花岗七十二烈士"。这次起义因而也称为黄花岗起义。黄花岗起义纪念日也被民国政府定为青年节。

◎七十二烈士之墓◎

虽然起义又一次失败了,但是,资产阶级革命党人用生命和鲜血献身革命的伟大精神,动摇了清朝的统治基础,促进了全国革命高潮的更快到来。

(三)革命失败

◎孙中山像(中)◎

1911年5月,清政府为了讨好帝国主义,将本来交由中国商人承办的修筑权,又无耻地收回,拱手献给帝国主义,帝国主义的铁路修到哪里,他们的势力就可以伸到哪里,就可以把兵派到哪里去镇压反抗斗争。此举引起湖北、湖南、广东、四川等省人民的强烈反对,激起了轰轰烈烈的保路运动。四川保路运动的规模最大。四川总督赵尔丰对举行示威游行请愿的人民群众实行了残酷的镇压,枪杀请愿群众数十名,造成流血惨案。这更加激起了人民的反抗情绪,致使四川保路运动成为辛亥革命的导火线。

在清政府全力应付四川保路运动的时候，湖北新军中文学社、共进会等革命团体乘机发动武昌起义，揭开了辛亥革命的序幕。

9月下旬，革命党人感到形势紧迫，决定于10月6日发动起义，后来推迟到10月9日。天有不测风云，在预定起义的那一天，共进会负责人孙武在汉口装配炸弹时不慎引起爆炸，湖广总督下令闭城搜查，汉口和武昌的起义指挥机关遭到破坏，一些起义领导人被捕、被杀或避匿。在失去领导的情况下，新军中革命士兵开始主动行动。

◎辛亥革命博物馆◎

10日晚7点，武昌城外塘角的辎重营和城内工程第八营几乎同时发动，各标营相继响应。11日，革命军占领总督署，并占领了武昌，起义取得了初步成功。革命军又先后占领了汉阳、汉口。

11日，起义士兵聚集到湖北咨议局，在咨议局议长汤化龙的参与下，宣布成立中华民国湖北军政府。革命党的领袖们没有亲身参加起义，缺乏政治经验和足够的声望，怕自己掌握政权不会让人信服，于是他们将眼光投向了清朝官员——湖北新军协统黎元洪，黎元洪本不想加入革命队伍，因为他不知道革命队伍能走多远，害怕自己加入后会受到牵连，而且在起义当天，他亲手射杀过起义士兵。但是，在革命士兵枪口的逼迫下，他不得不出任湖北军政府都督。

◎黎元洪◎

之后，军政府发布文电，号召各省为推翻清朝建立民国而奋斗。11月，湖北军政府公布全国第一个按照资产阶级民主原则拟定的地方宪法——《中华民国鄂州约法》，武昌起义胜利。

武昌起义的胜利，各地革命党人纷纷行动起来响应。11月底，全国有十四个省宣告独立、脱离清政府。北方没有独立的各省，有的是因为清王朝在当地的统治较强，如直隶、山东、河南；有的远在边陲，革命党势力没有触及，如新疆、奉天（现在的辽宁省）。

武昌起义之后，立宪派纷纷表示赞成革命，清政府更加孤立，加速了灭亡。

面对一片大好的革命形势，清政府感到了畏惧，为了控制局面，保住风雨飘摇的江山，一改排斥汉族官员的惯例，10月27日，起用袁世凯为钦差大臣，授予指挥湖北军事的大权，这也为袁世凯日后取代清王朝自立打下了基础。

◎咨议局界碑◎

11月1日，清军攻陷汉口。这个时候，慈禧早已去世，溥仪即位，因为他当时还是个小孩子，他的父亲载沣任摄政王，继任者就像明末的崇祯皇帝一样，不论他怎么想，也早已无力回天。

袁世凯掌权后，威逼摄政王载沣解散皇族内阁，交出全部军政大权，并任命他为内阁总理大臣。至此，袁世凯已成为了清王朝实际的掌权人，不论是小皇帝还是摄政王都成了摆设。

◎袁世凯◎

黎元洪和黄兴、宋教仁等企图利用袁世凯和清朝贵族之间的矛盾，以大总统的位置动员他倒戈，把最终推翻清朝的希望寄托于袁世凯。11月27日，汉阳被清军攻陷。这时候，革命军已没有能力再取得更大的胜利，而袁世凯也不想在镇压革命党人的过程中消耗自己的实力，于是，双方决定和谈。

12月1日，双方停战。停战是辛亥革命从武装斗争走向政治妥协的一个重要转

折。

12月18日，袁世凯的代表唐绍仪和革命军政府的代表伍廷芳在上海开始和谈。和议的结果是：各省代表承认武昌为中华民国中央军政府。接着十四省代表会议在汉口英租界召开，筹备成立中央临时政府事宜。1912年元旦，孙中山在南京就职，发布《临时大总统宣言书》《告全国同胞书》等文件，正式宣告中华民国诞生。1月2日，又通电全国改用公元国际纪年。3日，选举黎元洪为副总统，确定临时政府组成人员，中华民国临时政府成

◎孙中山在南京就任临时政府大总统时的合影◎

立。28日，又成立南京临时参议院。

战争结束以后，革命阵营内部的矛盾也开始显现。革命刚刚开始的时候，参加者都是真心革命，想要以革命的方式改变中国现状的爱国者。可是后来，随着革命形式的好转，很多原来持观望态度的力量也开始参加革命，他们并不是真心革命，而是想从中获得好处，其中就有各地的军阀和买办阶级。革命胜利了，他们就开始都出来争权夺利了，南京临时政府成立以后，虽是以孙中山为首，但是其中除了革命派之外还有立宪派和旧官僚。

◎孙中山就任临时政府大总统的办公处旧址◎

◎袁世凯洪宪币◎

在临时政府，革命者由于力量过小，根本没有实权，即使任职也只是虚衔而已，独立各省的军政府多数被立宪派和旧官僚所操纵，他们打着革命的旗号，根本就不听命于南京临时政府和临时大总统。由于没有实权，孙中山的许多正确革命主张都不能实施。

南京临时政府成立，势头正旺，而清政府已经衰败，没有太大的利用价值了，于是，袁世凯想方设法地要控制南京临时政府。在和谈期间，他撤销和议代表，造成谈判破裂的假象，迫使革命势力妥协。现在他已经代替清政府成为帝国主义列强统治中国的代表，他又鼓动西方列强拒不承认南京临时政府，给南京临时政府造成外交上的压力。

在内外交困的情况下，孙中山被迫退让。1912年1月22日，孙中山声明只要袁世凯迫使清帝退位并宣布赞成共和，就向

◎辛亥革命武昌起义纪念馆◎

临时参议院推荐袁世凯为临时大总统。2月12日，袁世凯在许诺了一大堆好处之后，清朝最后一位皇帝正式退位，统治中国二百六十多年的清朝垮台了，延续两千多年的君主专制政体也随之结束。

2月13日，袁世凯正式声明赞成共和，孙中山向临时参议院辞职。

15日，临时参议院选举袁世凯为临时大总统。临时政府曾经要求袁世凯到南京就职，因为临时政府的实力在南京，袁世凯到南京来能更容易控制。但是，袁世凯的实力却在北方,为了稳住革命者才答应南下就职,一旦担任临时大总统之后就拒绝南下就职,唆使手下在北京、天津、保定等地闹事,帝国主义也乘机调兵入京,制造紧张空气。袁世凯以此为借口,说恐怕南下以后,没人坐镇北方,局势会变得一发不可收拾,南京临时政府只好再次退让。

3月10日,袁世凯在北京宣誓就任临时大总统。第二天,孙中山公布《中华民国临时约法》。这个约法具有资产阶级共和国宪法的性质,是中国历史上的创举。25日,唐绍仪到南京接收临时政府,组织

◎孙中山像◎

新内阁。该内阁中内政、陆军、海军、财政、外交等拥有实权的部门都由袁世凯的亲信或拥护者担任，同盟会只分配到教育、农林、工商等几个有名无实的部门。4月1日，孙中山正式解除临时大总统职务。随后，临时政府迁往北京。至此，辛亥革命的成果被袁世凯所篡夺，辛亥革命失败了。

◎时报◎

辛亥革命是近代中国比较完全意义上的资产阶级民主革命。它在政治上、思想上给中国人民带来了不可低估的作用，革命使民主共和的观点深入人心。中国人民长期进行的反帝反封建斗争，以辛亥革命为新的起点，更加深入、更加大规模地开展起来。

袁世凯窃取到政权后，利用同盟会的内部矛盾，拉拢部分革命党人，迫使不听命于他的唐绍仪辞职。1913年，他又派人暗杀了为了维护革命成果而组织国民党与他对抗的宋教仁，酿成轰动一时的

"宋教仁案"。为了镇压革命,实现自己当皇帝的美梦不惜出卖国家利益,向日本贷款。这一切使得革命者希望袁世凯继续革命的最后幻想也破灭了。

面对这样的形势,以孙中山为首的革命者只得再次发动起义,以期保住革命成果。7月,山西都督李烈钧响应号召,支持孙中山反对袁世凯,他在江西湖口宣布独立,组织讨袁军,"二次革命"爆发。江苏、上海、安徽、湖南、广东、福建等地先后独立。由于革命党人仓促应战,缺乏统一领导,"二次革命"被北洋军阀镇压,"二次革命"的失败标志着辛亥革命彻底失败了。

◎孙中山塑像◎

辛亥革命武昌首义纪念碑

四、辛亥革命的影响

辛亥革命被中国共产党称为"中国历史上一次伟大的资产阶级民主革命"，它推翻了清王朝的统治，结束了中国两千多年的封建君主专制制度，建立了亚洲第一个民主共和国——中华民国。在此之前的中国历次起义都是以一个朝代代替另一个朝代而结束，但辛亥革命却彻底推翻了帝制，并试图建立新的政治体制——共和制。尽管后来民主共和的政体受到北洋军阀多次不同程度的破坏，甚至一度有短暂帝制的复辟，但他们都不能从根本上颠覆众望所归的共和政体。

当时成功的中国革命党人并没有一个确切的治国方案，于是按照美国宪法、美国政治体制，实行总统共和制。尽管因为现实社会条件的限制和统治者们对约法的蔑视，民国初年民主共和体制并未真正贯彻实施，但这毕竟是中国首次试图实行民主共和政体，它推动了民主共和

◎民国时期绥远鼓楼附近的街景◎

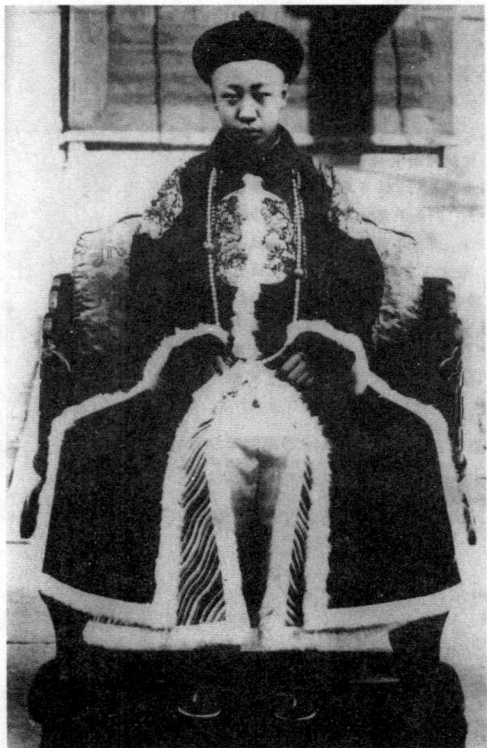

◎溥仪◎

观念在中国的传播，使民主共和的价值
观得到了确立，具有划时代的意义。

　　从思想史的角度看，辛亥革命也是
一场深刻的思想启蒙运动。自汉代董仲
舒以来的中国思想中，君臣关系是"三纲
五常"中三纲之首，皇帝不仅是政治上的
权威，也是文化中诸多价值观念的重要

◎民国时期"四川督军给"奖章◎

依据与合法性的来源。辛亥革命推翻了帝制，就在打破帝制政治价值观和政治思想的同时，也对中国传统以儒家为主的诸多价值观的权威性产生了冲击，致使在其后的新文化运动中一度出现"全盘西化"等民族虚无主义思想。

此外，从辛亥革命各省独立响应开始，中国进入了长期的分裂混乱之中，除了袁世凯在"二次革命"之后曾短暂大致统一全国之外，其他如中华民国的政权都未能直接统治整个中国（如号称统一的国民政府只能收到五个省的税收），一直到20世纪50年代初，才由中国共产党使中国大陆再度统一。长期的分裂及战乱，对中国经济的发展及现代化建设造成了很大的阻碍。

（一）社会影响

辛亥革命虽然常被称作"中国的资

◎辛亥革命博物馆◎

产阶级革命"，但当时中国其实缺乏一个强大的资产阶级，参与革命者也并非以资产阶级为主，而革命的成功也未直接促成资产阶级的进一步发展。而在传统社会的改变上，辛亥革命只打倒了社会顶层的满族权贵，但中国传统地方社会居领导地位的各省士绅及汉人旧官僚，也大多在辛亥革命中投向革命而使自己的地位更加巩固。

辛亥革命并没有像西方资产阶级革命那样,重新建构社会结构。参加辛亥革命的更多的是军人、旧式官僚、各地士绅。这些人在辛亥革命后仍掌握着权力。虽然其主要领袖孙中山出身于平民知识分子,但中国的平民阶层没有参加辛亥革命,因此辛亥革命后,生存条件没有发生根本性的改变。

辛亥革命后的军阀割据,大量战乱及军人政治才使传统拥有知识和功名的士绅官僚力量渐衰,取而代之的是具有军事背景的人物以及地方土匪恶霸。

辛亥革命对18世纪后的人口剧增、清末的土地兼并以及西方列强对中国的压迫和经济侵略等问题,没有从根本上改观。

◎十八星旗◎

(二) 对边疆地区的影响

辛亥革命爆发前的革命组

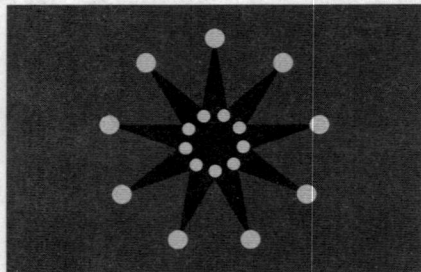

织，多以汉族为本位。他们提出"驱除鞑虏"后所建的民国，往往指仅限于以汉族为主的十八行省（武昌起义时所用的十八星旗即为佐证），东北、内蒙、外蒙、新疆和西藏都被排除在外。辛亥革命爆发后，清朝权威扫地，自顾不暇，列强更趁机支持边疆地区的民族政权进行分裂祖国的运动。

◎民国总统府◎

（三）对周边国家的影响

马来西亚和新加坡华人介入中国的革命活动是史无前例的，虽然革命活动主要在于挽救中国，但这一行动已对当地华人产生了深远影响。

孙中山于1911年12月29日在南京就任临时总统后，许多在马来西亚和新加坡的中立派及保皇派分子转而支持孙中山。武昌起义后，马来西亚和新加坡各地华人剪掉辫子；另一方面，在同盟会和孙中山的号召下，当地华人也积极捐款支持革命

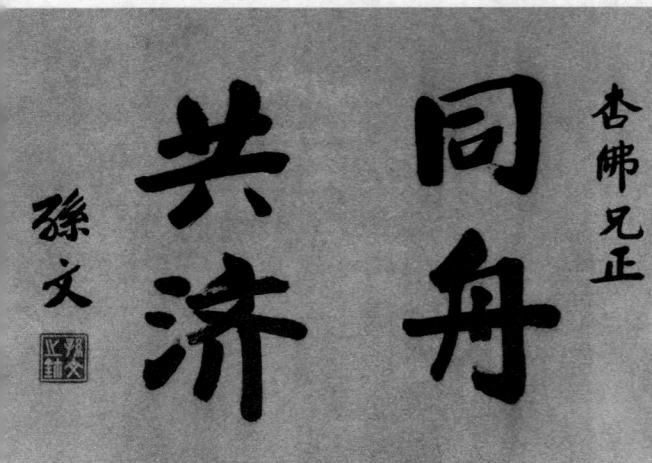

◎孙中山手迹◎

运动。

1911年，辛亥革命成功后，民族主义思潮成为马来西亚和新加坡华人与中国维系关系的主要指导源泉，数以千计的当地华人青年回到中国参加推翻清朝的运动，并在各方面给予孙中山金钱上的援助来支持革命。同时，这种思潮也带着反对外来殖民势力的意念，一直发展下去。

◎孙中山塑像（中）◎

当孙中山在马来西亚和新加坡展开革命之前，当地华人是不团结的，常有不同帮派和不同籍贯的人发生斗争。不团结阻碍了革命思想的传播，帮派斗争影响华人社会的经济成长并阻止了不同地区人的合作。

1906年，孙中山在吉隆坡主持同盟会支会成立仪式时发出警告说：当地华人的不团结最终将导致整个华人社会的崩溃。因此同盟会展开各种宣传活动，如阅书报社、夜校、戏剧表演，使得不同方言的集团为孙中山的革命而在一起工作，也使得不同籍贯的华人有机会学习和相互了解、相互合作以解决共同的难题。通过不间断的联系，华人的团结精神和国民意识逐渐被加强和发展起来。

另一项最主要的发展便是在马来西亚和新加坡的学校传播标准华语，主要目的在于打破使用以往的方言教学，这使得不同籍贯的华人之间有了共同的媒介语。

孙中山的革命思潮为马来西亚和新加坡带来了新的思想，冲击了华人传统的旧社会。利他主义，舍己为群，平等和自由观念因此不断传开。鼓励设立女子学校，女人被允许加入社会活动和参加革命。

◎民国银元◎

◎袁世凯身着洪宪皇帝制服◎

五、辛亥革命中的风云人物

　　辛亥革命时期的那一代仁人志士是值得后人永远铭记在心的。他们具有强烈的时代紧迫感与历史责任感，自觉地肩负起祖国的安危，以天下为己任。多少人背井离乡，抛妻别子，牺牲个人家庭幸福，追求祖国独立富强。即使是远涉重洋，他们也是日日夜夜关注民族的命运，时时刻刻倾听祖国的呼唤。他们如饥似渴地学习西方先进文明，却没有迷恋于资本主义的花花世界，他们的事业与生命都是与祖国的命运融为一体的。

（一）孙中山

辛亥革命是中国历史上一次具有划时代意义的革命运动，这次运动始终与一个历史人物紧密联系在一起，他就是伟大的革命先行者——孙中山先生。革命领袖毛泽东曾指出，辛亥革命造就了伟大的孙中山，使他成为"中国革命民主派的旗帜"。

◎孙中山像◎

孙中山（1866—1925年），名文，号逸仙，广东香山（今中山市）人。1883年改号逸仙，此后在广州、香港读书和游历欧美时常使用此名。1897年在日本化名中山樵，被人习称为孙中山。

1866年11月12日，孙中山出生

◎孙中山雕像◎

在香山县翠亨村一个农民家庭中。他从6岁开始干农家活，在童年时代就表现出自己独特的性格。10岁入村塾读书。1878年，年仅12岁的孙中山随其母远航檀香山开始了新的生活。1879年9月，孙中山到英国基督教监理会办的意奥兰尼学校读书。1883年7月，孙中山回国，在翠亨村一面干农活，一面自修中西学问。1883年11月，孙中山在香港入英国基督教圣公会办的拔萃书室读书，随后又到中央书院。1886年夏季，孙中山在香港中央书院毕业，进入南华医校读书，第二年转入香港西医书院就读，直到1892年毕业。

1892年7月，26岁的孙中山以优秀的学习成绩毕业于香港西医书院。1894年6月，孙中山到达天津，上书李鸿章，主张改革，要把中国建设成为近代化强国。上书未果后，他来到檀香山，于1894年11月24日，成立中国近代史上第一个资产阶级革命的小团体——兴中会。

1895年1月，孙中山回国策动武装起义。2月，在香港成立兴中会总会。1895年组织广州起义，1900年组织惠州起义。起义失败后，流亡海外。

1905年7月，孙中山抵达东京。8月20日，在东京成立同盟会。1905年11月，孙中山在同盟会的机关刊物《民报》的发刊词中，将同盟会的十六字宗旨归纳成为"民族""民权""民生"三大主义。同盟

◎中山陵◎

◎辛亥革命博物馆◎

会成立后，孙中山把大量的时间和精力投入武装起义的筹备工作中。1907年5月至1908年4月，他在两广和云南境内组织了一系列的武装起义。

起义失败后，孙中山流亡海外，宣传革命，筹措经费。1910年11月，在槟榔屿召开会议，决定在广州再组织一次起义。孙中山不辞辛苦奔走加拿大，为广州起义筹款。此后，不停地为国内武装起义筹款。

武昌起义后，孙中山于1911年12月25日抵达上海。12月29日，孙中山当选为中华民国临时大总统。1912年1月1日，宣誓就职临时大总统。临时政府成立后，孙中山实行民主改革，颁布一系列改革措施。1912年3月11日，孙中山以临时大总统的名义颁发了《中华民国临时约法》。4月1日，孙中山正式解除临时大总统的职务。

辞去临时大总统职务后，孙中山进行了"社会革命"的尝试，企图实业救国。1913年宋教仁遇刺后，孙中山坚持武力讨袁，发动二次革命。二次革命失败后，孙中山在日本成立中华革命党。1917年孙中山到广州，联合西南军阀势力成立

◎辛亥秋保路死事纪念碑◎

◎孙中山塑像◎

中华民国军政府,发起"护法"战争。

1921年,孙中山又到广州积极筹备北伐。1922年,陈炯明叛乱,孙中山脱险后又到上海。1923年,孙中山第三次回到广州建立革命政权,任海陆军大元帅,再次准备北伐。1924年1月,他在广州召开了中国国民党第一次全国代表大会。在共产党的帮助下,孙中山重新解释了三民主义。

1924年秋,冯玉祥在北京发动政变,邀请孙中山进京商谈时局问题。于是,孙中山离开广州北上。1925年3月12日,孙中山因患肝癌在北京不幸逝世。

孙中山领导人民推翻了清王朝的统治,为中国的独立、自由和富强而奋斗了一生,为中国的民主革命事业作出了巨大贡献，因此，永远受到中国人民的崇敬和怀念。

（二）黄兴

黄兴是辛亥革命时期与孙中山并称的资产阶级民主革命家。他是在严重的民族危机刺激下，毅然走上反清革命道路的，成为资产阶级革命派的主要领导人之一。

黄兴（1874—1916年），湖南善化县（今长沙市东乡）人，原名轸。1904年起义失败后，东渡日本改名兴，字克强，取"兴我中华，兴我民族，克服强暴"之意。

1874年10月25日，黄兴诞生于一个地主家庭，父亲黄筱村是当地一个颇有名气的秀才。黄兴从小练就一副强健的体魄，喜欢打抱不平。他自幼勤奋读书，19岁考中秀才。1898年，黄兴作为长沙湘水校经堂新生，被保送到武昌两湖书

◎黄兴◎

◎黄兴故居◎

院。1902年春，黄兴被选派到日本留学。6月，黄兴进入弘文学院速成师范科。留学期间，他与好友杨笃生等创办《游学译编》，介绍西方资产阶级的社会、政治学说和革命历史，宣传民主革命和民族独立。

1903年夏天，黄兴由军国民教育会派遣，以运动员名义回湖南策划反清革命活动。1904年2月15日，黄兴与陈天华等人成立华兴会，进行反清革命，黄兴任会长。华兴会成立后，黄兴策划了长沙起义。1904年10月，起义失败，黄兴逃往上海。

1905年7月下旬，黄兴和孙中山在日本初次见面。8月13日，由黄兴、宋教仁等人发起，在东京富士见楼举行欢迎孙中山的群众集会。同盟会成立后，黄兴担任执行

◎中山陵◎

部庶务，相当于协理地位，成为这个革命团体中仅次于孙中山的领袖人物。同盟会成立不久，孙中山从日本去安南筹款，东京本部事务，委托黄兴主持。他把主要精力集中在准备发动武装起义方面。

1908年3月27日，黄兴亲自率领华侨中的革命分子二百多人，组成中华国民军南路军，从安南边界进攻钦州。革命军所向无敌，清军闻风丧胆，黄兴威名大震。黄兴从钦州退回安南后，由孙中山电委为云南国民军总司令，亲往河口前线督师。1910年春，黄兴由东京赶往香港，主持广

州新军起义，因广九路火车不开，没有去成。1911年4月27日，广州起义爆发。黄兴率领敢死队百余人，从小东营出发进攻总督衙门。广州起义失败后，黄兴逃到越南。

武昌起义后，10月24日黄兴到达上海，然后潜往武昌。起义军推举黄兴为中华民国军政府战时总司令。11月28日，黄兴乘轮船回上海，在上海等待孙中山回国。

1912年元旦，孙中山在南京就任临时大总统。黄兴担任陆军总长兼任参谋总长、兵站总监，负责全部军事工作。南

◎总理陵园界石◎

◎辛亥革命纪念馆西侧◎

京临时政府撤销后，设立南京留守，办理政府机关的结束事项和统率驻南京的军队，黄兴被任命为南京留守。

1912年秋天，孙中山、黄兴应袁世凯的邀请，先后到达北京。1913年，宋教仁遇刺后，黄兴主张起兵讨袁。他亲自去南京主持讨袁军事，逼迫江苏都督程德全宣布独立。黄兴担任江苏讨袁军总司令。

"二次革命"失败后，孙中山、黄兴东渡日本。1914年7月，黄兴抵达美国。1916年5月9日，黄兴从美国抵达日本，通电全国各界，呼吁一致讨袁。7月8日，黄兴回到上海，和孙中山一道致力于讨袁善后和党内团结的工作。10月31日，因病在上海去世。1917年4月，国葬于湖南长沙岳麓山。

（三）邹容

邹容是20世纪初年涌现出来的、影响很大的资产阶级民主革命宣传家之一。

邹容（1885—1905年），原名绍陶，字蔚丹，又作威丹，四川巴县人。留学日本时，改名为邹容。出身于一个颇为富裕的

◎邹容烈士纪念碑◎

大行商家庭。

1891年，刚满6岁的邹容就进私塾读书。12岁时，参加县童子试，因对八股试题不满，当场与主考官顶撞，愤而退出考场。1898年，邹容在重庆跟日本人学习英语和日语，获得机会阅读资产阶级的书报，接触到西方民主学说，吸收新的思想，打开了眼界。

◎辛亥革命纪念园◎

1901年夏，邹容冒酷暑步行千里到达成都，考取官费留学日本。由于邹容思想激进，当道者以"不端谨"为理由，取消其官费留学资格。同年9月，他离开重庆到上海，进入"广方言馆"日语班补习日语，准备自费到日本留学。

1902年春，邹容东渡日本，进入东京同文书院学习。邹容废寝忘食，精读了不少名著。在1903年的留学生会馆新年团拜会上，他登台演说，大力倡导排满主义，号召反清革命。此后，凡留学生开会，必争先演说，在留日学生中留下了深刻的印象。为了传播革命思想，唤起人们的觉悟，邹容还参照法国资产阶级革命及美国独立的自由平等学说，结合中国情况，开始着手编写鼓动资产阶级革命的通俗读物《革命军》。

1903年4月，邹容回到上海，住在蔡元培、章太炎等组织的"爱国学社"，和比他大16岁的章太炎建立了深厚的友谊。在章太炎的帮助和影响下，邹容的革命民主思想日渐成熟，积极参加"爱国学社"的各种活动。同月，邹容为了团结全国学生，还发起成立了"中国学生同盟会"，博得海内外爱国学生的广泛支持。

1903年4月，邹容完成富有战斗性的宣传民主革命的著作《革命军》。全书约有两万言，分七章，以火热的激情、犀利的笔调、通俗易懂的文字，从革命的正义性谈起，对革命的必要性、革命的方

◎鄂军政府起义银章◎

◎光复纪念章◎

法和革命的前途，进行了详尽的论述。序末署名"革命军中马前卒邹容记"。章太炎为它作序，称它是震撼社会的"雷霆之声"。

这本书由柳亚子等几个革命党人集资，于1903年5月在上海大同书局出版。清朝统治者对《革命军》一书的问世惊恐万分。1903年6月，因《革命军》引起所谓"苏报案"事件。30日，章太炎被捕。翌日，邹容不愿让章一人承担责任，挺身而出，到巡捕房投案。1905年4月3日凌晨，年仅20岁的邹容在帝国主义的迫害下，病死于狱中。

《革命军》一书风行国内外，各地纷纷翻印，重印达二十余次，印数达百万册以上，在清末革命书刊中占第一位，影响很大。1912年2月，孙中山领导的南京中华民国临时政府追赠邹容为"大将军"，以表彰他的革命功勋。

(四) 秋瑾

杭州西湖的西泠桥畔，有一座女英雄的墓，那便是辛亥革命烈士秋瑾的墓。它和民族英雄岳飞的墓遥遥相望。

秋瑾（1875—1907年），字璿卿，别号竞雄，又称鉴湖女侠，原籍浙江绍兴。1875年，出身于厦门一个封建官宦人家。

◎秋瑾◎

秋瑾7岁时，开始识字。几年后，秋瑾在家塾中读完了好几部古书，11岁时，她就学会作诗了。后来，秋瑾的父亲到湖南做官，秋瑾跟随父亲到了湖南湘潭。1896年，依照父母的安排嫁给了湘潭富绅的儿子王廷钧，婚后生有一子一女。

1902年，王廷钧进京做官，秋瑾追随丈夫到北京。到达京师，秋瑾的眼界、心境都比以前更加开阔。秋瑾无法安于原来那种深闺雌伏的生活。渴望寻求救国真理，这样的想法促使她东渡日本留学。1904年4月，秋瑾毅然同王廷钧离婚，变卖首饰，前往日本。

在日本期间，秋瑾以革命激情奔放又好帮助别人而受到留学界中进步分子的推崇。1905年，秋瑾从日本回国，经徐锡麟介绍加入光复会。不久，再次东渡日本，进入青山实践女子学校，随后加入同盟会，担任浙江主盟人。

◎秋瑾塑像◎

1906年初，为反抗日本政府的《清国留学生取缔规则》，秋瑾愤然回国。1906年冬，秋瑾在上海创办《中国女报》，宣传男女平等。她在文章中，还把夺取反清革命的胜利同男女平等结合起来，号召妇女投身革命斗争。

1907年春，秋瑾到绍兴主持大通学堂，任大通学堂督办。其间，秋瑾训练会党骨干，加强联系会党，将分立的会党纳入光复会组织系统，编组光复军，拟

◎秋瑾等创办《中国女报》◎

订起义计划。

1907年7月6日，徐锡麟发动安庆起义后，牵连到大通学堂。7月14日，清军包围学堂，学生们开枪抵抗，牺牲数人。清军蜂拥而入，将秋瑾等六人逮捕。次日黎明，秋瑾壮烈牺牲于绍兴轩亭口，时年32岁。

秋瑾被害的消息，使千千万万的革命志士异常震愤，也激励着千千万万革命者的斗志。孙中山曾经题词称秋瑾是"巾帼英雄"。

（五）宋教仁

宋教仁（1882—1913年），字遁初，号渔父，1882年4月5日出生于湖南省桃源县香冲一个地主家庭。

1886年，宋教仁开始入私塾读书，接受传统的儒家思想教育。12岁时，父亲去世。1899年，进入桃源漳江书院。1901

年，奉母命参加童生试，中秀才。1902年冬天，他到武昌投考美国圣公会文华书院，录取为第一名。

◎宋教仁◎

1903年11月，参加黄兴等组织的革命团体华兴会的秘密会议。1904年2月15日，华兴会正式成立，宋教仁任副会长。根据黄兴的提议，宋教仁回到武昌，参与组织科学补习所，7月科学补习所成立，宋教仁被推为文书。从此，宋教仁便由革命思想的酝酿走上了实地革命的道路。

1904年长沙起义失败后，宋教仁于11月21日到达上海。12月5日，在朋友的帮助下，东渡日本。1905年6月，宋教仁与陈天华等人创办《二十世纪之支那》，自任总庶务，负责组织与联系事项。7月30日，他应孙中山的邀请参加了中国同盟会的筹备会议。紧接着，他与同志们发起召开了留日学生欢迎孙中山大会，他担任大会主席，致欢迎词。8月20日，同盟会成立，宋教仁任司法部检事长，后又被推为同盟会湖南分会副会长。随后，《二十世纪之支那》成为同盟会的机关刊物，后改为《民报》，仍推宋教仁担当庶务。

1906年2月，宋教仁改名宋炼进入早稻田大学留学生部预科学习。其间，他每天努力学习，课余时间埋头书案，查阅资料，撰写文章或从事英文与日文的翻译。1907年初，黄兴回国筹备武装起义，宋教仁代理同盟会的庶务，协助孙中山主持同盟会的日常工作。

◎宋教仁◎

武昌起义爆发后，10月28日，宋教仁随同黄兴到达武汉，受到黎元洪以及军民的热烈欢迎。南京临时政府成立后，1912年2月28日，蔡元培为迎袁专使，宋教仁为欢迎员，前往北京迎接袁世凯南下。3月11日，袁世凯在北京就任临时大总统，唐绍仪组织第一任内阁，宋教仁被任为农林总长。7月初，宋教仁辞去农林总长一职。

◎宋教仁墓◎

　　1912年8月，宋教仁将同盟会与统一共和党、国民共进会、共和实进会以及国民公党等几个小党派联合在一起，组成了国民党，当选为理事，并受孙中山的委托，代理理事长职务，积极参加竞选。

　　1912年10月18日，宋教仁拒绝袁世凯的拉拢，沿京汉铁路乘车南下，一方面探望离别八年之久的老母和妻子，一方面在南方各省布置国会的选举事宜。1913年1月下旬，宋教仁离开家乡，从长沙到武汉，经过九江到上海，然后又到杭州与南京，都受到了热烈的欢迎。

　　宋教仁到上海时，国会选举已经初步揭晓，国民党在各个选区都大获全胜。

恰巧这时，袁世凯也来电催促，宋教仁决定于3月20日同几个国会议员一起北上。

1913年3月20日晚，宋教仁取道沪宁、津浦路北上，送行者有黄兴、廖仲恺、于右任等。当进入上海车站时被刺杀，身中数弹，子弹上还涂有剧毒。22日早晨，因弹毒剧发，不治身亡，年仅31岁。

宋教仁案的发生，是整个民族资产阶级放弃武装斗争，向袁世凯妥协的必然结果。宋教仁企图用议会斗争制伏袁世凯，而自己却成为这场斗争的牺牲品。宋教仁参与多次武装起义，筹划过中华民国的成立，是辛亥革命运动的主要领导人之一，他在中国资产阶级民主革命中所立下的功绩是无法磨灭的。

◎宋教仁塑像◎